কবির ভাষা

KOBIR VASHA

গোপা ঘোষ

আমার মা মীরা পালধি কে

বিষয়বস্তু

বিষয়বস্তু

অনুক্রমণী

আমার সহকর্মী গোপা ঘোষের কবিতার বই এটি প্রথম। কবি হিসাবে পরিচিতি বেশ অনেকদিন আগেই। বেশ কিছু পত্রিকায় কবিতা প্রকাশিত। এই কবির ভাষা বইতে যে কবিতাগুলি রয়েছে আমি নিশ্চিত যে বইটি সকলের ভালো লাগবে।

বিশাখা দাম

ভূমিকা

কবি গোপা ঘোষের এই 'কবির ভাষা' বইটি একগুচ্ছ কবিতার সংকলন। আমাদের এই অতি ব্যস্ততার দ্রুততর জীবনে সাহিত্য একটি মরুদ্যান। জীবনের নানা ঘটনা গুলিও যে কবিতার আকারে রূপ দেওয়া যেতে পারে তা এই কবিতাগুলি পড়লেই বোঝা যায়। আশা করি সবার বইটি ভালো লাগবে।

প্রস্তাবনা

১. উদর

উদরের দাবি, ভীষণ কঠিন,
জানবে না ধনী জন,
ক্ষুধার জ্বালায় চোখে জল আসে,
সব কিছু খাদ্যই দ্যাখে মন।
কারো বাড়ির সামনে উচ্ছিষ্ট খাবার,
কুকুরের লড়ালড়ি,
কারো বাড়িতে বাস করে যারা
সব অর্ধেক অনাহারী,
উচ্ছিষ্ট খাবারের কিছুটা,
যদি পড়ত তাদের পাতে,
উদরের জ্বালা কিছুটা হলেও,
মিটতো ঠিকই তাতে।
শেষের বেলায় যখন একই ঠিকানা,
তবু পৃথিবীতে কেনো মানুষের,
এত ব্যবধান,
বিলাসী প্রাণের বিলাসী প্রাসাদ
মরে যত অনাহারী প্রাণ।

2. যদি কোনোদিন হারিয়ে যাই,

যদি কোনোদিন হারিয়ে যাই,
এই পৃথিবীর জনপদের ভিড়ে,
তুমি খুঁজবে জানি, তবু কেনো
এক বিষাদ আমার মনকে
ঘিরে ধরে বারে বারে।
যদি আমার সাথেই তুমি
হারিয়ে ফ্যালো বুকের মাঝে,
জমে থাকা ভালোবাসার অবশেষ।
জেনো তোমাতে আমার কাতর
দৃষ্টি অনিমেষ।
আমি ফিরে আসবো হয়তো
আবার তোমার টানে,
তখনো কি আমায় খুঁজে পাবে
আগের মতই তোমার হৃদয় মাঝে?

৩. আমার দেশ

আমার দেশ ভারত মাতা,
কত বীর পুরুষের আত্মবলিদানে,
আমরা পেয়েছি স্বাধীনতা।
কাশ্মীর থেকে আসমুদ্র হিমাচল,
তোমার বীর সন্তানেরা,
সব খানেই তোমার প্রেমে উচ্ছল।
কত বর্ণ, কত ধর্ম তোমারে কোলে,
মা গো পেয়েছে স্থান,
বিশ্বের মাঝে আমার দেশ ভারতবর্ষ,
চিরদিনই থাকবে মহান।

4. একা নই

যখন আমার যাত্রা শুরু,
পথ চলেছি ঝড়ের মতো,
অজানাকে জানতে জানতে
এগিয়েছিলাম সোজা পথে,
দেখেছিলাম এত দূরের আকাশ,
মেশে দূর সাগরের পারে,
তেমন করে দূরের মানুষ
আসে কাছে ভালোবাসে যারে।
আকাশ কালো মেঘের মতো
চোখেও নামে বৃষ্টি,
মিলে মিশে এক হয়ে যায়
এ কী বিধাতার দৃষ্টি।
এমন করেই এগিয়ে দেখি
মোটেও নইকো আমি একা
সাথে আছে আমার স্বপ্ন,
আমার আশা, আর আমার
জীবনে এগিয়ে যাওয়ার কথা।

5. নববর্ষ

এমন এক নববর্ষ আসুক,
যার হাত ধরে অনাহারক্লিষ্ট
মানুষের জীবনে না পাওয়ার
ব্যথা মুছে গিয়ে খুশির বৃষ্টি নামুক।
এমন এক নববর্ষ আসুক
যার হাত ধরে মানুষ সব জাতিভেদ
ভুলে নিজেদের আপন ভাবুক।
এমন এক নববর্ষ আসুক,
যার হাত ধরে মনের আঁধার
কাটিয়ে মানুষের জীবনে,
এক নতুন সূর্য্য উঠুক।
এমন এক নববর্ষ আসুক
যার হাত ধরে মানুষ সবাই,
অন্ধকারের পথ ভুলে গিয়ে,
আলোর পথে হাঁটুক।
এমন এক নববর্ষ আসুক,
যার হাত ধরে যত মহামারী,
পৃথিবী থেকে চিরতরে মুছুক।
আমরা আশায় এমন একটা নববর্ষের,
পুরাতন সূর্যটাকেই নতুন করে দ্যাখার এক নতুন ভোরের।

৬. বেদনার ফোঁটা

তোমার ভালোবাসার ছোট্ট
এক খন্ড কাপড়ে,
ঢেকে রেখেছি, আমার নগ্ন
বেদনার দেহটা,
যাতে তুমি না বোঝো, তোমার
অবহেলার কালশিটে দাগগুলো,
আজ হয়েছে দগদগে ঘা।
ওই এক খন্ড ভালোবাসার
আদরে আমি কাটিয়ে দিতে
চাই গোটা জীবন,
সাথে থাক না কেনো একটা অসুখী ছিন্ন ভিন্ন মন।
সেই প্রথম রাতের ছবি আঁকা থাক
আমার হৃদয়ে,
বাকি সব কষ্ট সব বেদনা
চাপা পড়ে যাক কবরে।

7. পরজন্মে

যদি জন্মান্তর থাকে, আমি যেনো আবার ঘুরে আসি,
তখন মানুষ নয়, গোলাপ হবো,
নয়তো জুঁই, বা বেলি, আমার গন্ধে মাতাল হবে তুমি,
কখনো ভাবি তোমার খাঁচার ওই টিয়া হবো,
তোমার শেখানো বুলি আওরাবো,তোমায় দেখবো সারাটাদিন
প্রাণটি ভরে।
এবারে নাই বা পেলাম তোমার ভালোবাসা,
যদি পরজন্মে মানুষ হই,
তুমি ঠিক বুঝবে দেখো আমার ভালোবাসার ভাষা।
সেই ভাষায় হারিয়ে যাবে তোমার মুখের ভাষা,
উদাস চোখে থাকবে চেয়ে আমার পানে,
বৃষ্টি নামবে তোমার বুকে,
আমার ভালোবাসার বিন্দু বিন্দু জলে,
এই জন্মে নাই বা হোলো
তেমন কিছু
তবু আশার রং তুলিতে
এঁকে নিলাম পরজন্মের
এক রঙিন জীবন।

৪. বৃষ্টি

অঝোর ধারায় নেমেছে বৃষ্টি
আমার বুকের মাঝে,
ভিজবো আমি, ভেজাবো তোমায়,
প্রতি সকাল সাঁঝে।
ভীষণ প্রেমের আবেশে জড়ানো
দেবো উপহার একটি দিন,
তাতে থাকবে চুড়ির শব্দ
আর বৃষ্টির রিমঝিম।
ময়ূরপঙ্খী মন আমার
তোমায় জানাবে নিমন্ত্রণ,
এক দোপাটি ঝড়া বিকেলে,
দুজন রাঙাবো দুজনের মন।
সোঁদা মাটির গন্ধে বুঝবো
বৃষ্টি হয়েছে শেষ,
ঠান্ডা হাওয়ায় কাঁপুনি ধরাবে
মনে থাকবে দারুন প্রেমের রেশ।

৯. আমার কামনা

এতদিন শুধু ব্যস্ত হতাম
তোমার যত কামনা পূরণে,
তোমার সুখ, তোমার খুশি
সময় যেত তোমার যতনে।
শুনে ছিলাম তুমি আমার
ইহ কাল আবার পরকাল,
তোমার পুণ্যে আমার পূণ্য,
তুমি ছাড়া জীবন শূন্য।
আজ কেনো আমার সেই মন
ব্যস্ত হতে চায়, নিজের কামনায়।
তবে কি অন্তর অবশেষে,
ভরসা রেখেছে আত্মবিশ্বাসে।
আমি শুধু তোমার কামনার সঙ্গী
নই, তোমার ভালোবাসার ভাগীদারও বটে, তবু বারবার
কেনো অপমানিত হয় আমার
এই নারী দেহটা, তোমার কামনা
পূরণে ব্যর্থ হলে।
আজ সত্যি বলো,

১০. সেই নারী

তুমি ভালোবাসো আমার হৃদয়ের
মধ্যে থাকা মনটাকে,
না আমার প্রতি রাতে
শুষে নেওয়া শরীরটাকে?
আর কোনো কামনা পূরণ নয়,
পূরণ হবে নিজের ইচ্ছা,
নিজের ভালো লাগা,
বাকি সব থাকুক বাকি।
আমি সেই নারীর কথা বলছি যে,
পরিবারের সব দায়িত্ব ছেড়ে
রোজ অফিসের পথ ধরে,
আমি সেই নারীর কথা বলছি,
যে কোলে সন্তান রেখে
রোজ ইট-পাথর ভাঙে,
আমি সেই নারীর কথা বলছি,
যে অসুস্থ বাবার চিকিৎসার জন্য,
রোজ ধনী বাড়িতে বাসন মাজে,
আমি সেই নারীর কথা বলছি,
যে বাসে ট্রেনে কারো কু-প্রস্তাবে,
সপাটে একটা চড় কষায়,
আমি সেই নারীর কথা বলছি,
যে দুর্ঘটিনায় ধর্ষিতা হয়েও
জীবনের পথে বাধা না মেনে এগিয়ে চলে।

আমি সেই নারীর কথা বলছি,
যে কোন কুন্ঠা না করে,
অটো চালকের সিটে গিয়ে বসে।
আমি সেই নারীর কথা বলছি,
যে অদম্য সাহসে ভর করে,
মহাকাশে যায় উড়ে।
আমি সেই নারীর কথা বলছি
যে পুরুষের সাথে সমান তালে
পাহাড়ে পাহাড়ে ট্রেকিং করে।
আমি জানাই নারী শক্তি কে কুর্নিশ,
তারা সব পারে,
তারাই পৃথিবীতে স্বয়ং মা দুর্গা।

১১. নারী দিবস

নারী দিবস এলো কি না এলো
কি এসে গেলো,
নেটিজেনেরা উইশ করলো
বা না করলো,
তবু প্রতিদিন নানা ভাবে লাঞ্ছিত হওয়া মেয়েদের অভ্যাসে
পরিণত হয়েছে,
বাবার বয়সী কারো থেকে খারাপ ইঙ্গিত তার গা সওয়া,
বাসে ভিড়ের বাহানায়, তার নরম অংশ স্পর্শ করা পুরুষের
সংখ্যা নেহাত কম নয়,
ছোটো শিশুর রেহাই নেই, চেনা কাকুটির দেওয়া যন্ত্রণা,
সে গোপন রাখে ভয়ে, আবার অভাবের তাড়নায়
চাকরি খোঁজা মেয়েটিকে চাকরির লোভ দেখিয়ে শয্যা
সঙ্গিনী করা মানুষ কিছু কম নয়,
তবু মুখে বলা নারী তুমি মহীয়সী
তুমি পৃথিবীতে দুর্গার রূপ।
আবার তাদের অশ্লীল চোখে সেই নারী হয় ধর্ষিতা বারবার,
আরো কত যুগ লেগে যাবে পেতে নারীর যোগ্য সম্মান আর
অধিকার?

12. নারীর কথা

বন্ধ হয়েছে সতীদাহ প্রথা
বন্ধ হয়নি জ্বলা,
এখনও চলছে ঘরের বউকে
আগুনে পুড়িয়ে মারা।
পুরুষ কি কখনো চিতায় উঠেছে
স্ত্রীর মৃতদেহ নিয়ে,
স্বামীর চিতায় জ্বলেছে নারী
শুধু পুণ্যের নাম দিয়ে।
আজ নারী অবলা নয়
যথেষ্ট আধুনিকা,
ঘরে লক্ষ্মী, বাইরে দুর্গা
তাই সে অপরাজিতা।
তবু তারি মাঝে,
নারীকেই হতে হয়
পুরুষের হাতে ধর্ষিতা।

13. আমি মেয়ে

আমি মেয়ে, আমার বুকের
মাঝে গড়েছি ভালোবাসার
মানুষগুলোর জন্য এক নিশ্চিত
আবাস, যদিও কারো দেওয়া
কষ্টের দমকা হাওয়ায় উড়ে যায়
আমার একান্ত ভালোলাগা
মুহূর্তগুলো, তবু আমি বেদনার
নীল রঙে নিজেকে রাঙিয়ে
এগিয়ে চলি সামনের দিকে,
কিছু খুশি পেলে জমিয়ে রাখতে
ভুলি না হৃদয়ের কোটরে,
ভুলি না আমি মেয়ে, আমাকেই
দুঘটনায় ধর্ষিতা হতে হয়, সারাটা জীবন কলঙ্কের কালো মেখে
আমাকেই কাটাতে হবে নিরপরাধী একটা জীবন।
সেই আমিই আবার নিজেকে ভাবি বিবর্তনের মন্থন দন্ড,
থেমে গেলে হেরে যেতে হবে
জীবনের কাছে, তাই এগিয়ে চলি জীবনের পথে, থাক না
কষ্ট, অবহেলা সাথে, তবু আমি
এই পৃথিবীতে এক অপার শক্তির উৎস।

14. সবুজ প্রকৃতি

সবুজে ভরা আমার চারিধার,
গোলাপ, শিমুল, হাসনুহানা,
চম্পা, চামেলীর সুগন্ধে সুভাসিত,
প্রজাপতি রঙিন পাখায় দল বেঁধে, উড়ে বেড়ায় আমার ছোট
বাগানে, সন্ধ্যার আকাশে দেখি
শঙ্খচিল, আকাশের চাঁদ যেনো কথা বলে অগুনতি তারার
সাথে, এক অপরূপ স্নিগ্ধতা পাই,
পাই প্রকৃতির মাঝে মনের শান্তি,
ভগবানের উদার দান প্রকৃতির তরে, যেনো সৌন্দর্যের ডালি
উপচে পড়ে,
কখনো অস্তমিত সূর্যের লাল আভায়, দেখি আমার শেষ
জীবনের প্রতিচ্ছবি, আবার
সূর্যোদয় আনে নুতন উদ্যম
আবার একটি সোনালী
আলোয় মোড়া দিন বিধাতার
উপহার, তাই তো প্রকৃতির মাঝে
খুঁজে নিই শান্তির পারাবার
আমি বার বার।

15. একমুঠো সূর্যের আলো

একমুঠো সূর্যের আলো এনে
দিতে পারো আমার জীবনে?
জমানো যত ক্রোধ, যত বেদনা,
জীবনের অসংখ্য জমে থাকা
যাতনা, সবটুকু সেই আলোয়
ধুয়ে মুছে যাবে,
সেই আলোয় ঠিক চিনে নেবো,
আমার সুখ পাখিটাকে,
জীবনের অন্ধকার কাটিয়ে
আবার উঠবো জেগে,
এক রোদ মাখা উজ্জ্বল আকাশে।
আমার স্বপ্নেরা আবার মেলবে পাখা, নতুন হয়ে আসবে ফিরে
এক মুঠো আলোর স্পর্শে।
মলিনতা ঘুচবে এক স্বস্তির নিশ্বাসে।

১৬. আমরা ভারতের তরুণ দল

আমরা ভারতের তরুণ দল
ঝড়ের মত চলার গতি,
ভয় করি না কালো রাতি,
যত বাধা সব ডিঙ্গিয়ে,
অন্ধকারের পথ মাড়িয়ে,
যেতে পারি নতুন জয়ের আশে,
পাক খাই না কুসংস্কারের
কালো ঘূর্ণি পাকে,
আমরা নতুনকে নিয়ে আসি
এই ভারতের মাঝে,
আমরা উত্তাল, অশান্ত
দুর্দম্য, দুর্বার, থামি না
কখনো ধৈর্যের বাঁধে।
আমরা ভারতের তরুণ দল
আমরা সতেজ তরুণ প্রাণ,
এক সাথে গাই তরুণ কন্ঠে
ভারত মাতার জয় জয় গান।

17. নীল

নীল কি বেদনার রং?
হয়তো তাই, তোমার কথায়
কেনো চোখে নীল দেখি,
মাঝে মাঝে, ব্যথায় কুঁকড়ে
যায় আমার হৃদয়,
বুকের ভেতর জমা কষ্টগুলো
বেরোতে চায় বুক ফুঁড়ে,
এই মায়াবী পৃথিবীতে,
শুধু তুমিই ছিলে আমার
একান্ত আপন,
আজ তুমি আমার হৃদয়কে
ক্ষত বিক্ষত করে চলে যেতে
চাইছো আমাকে ছেড়ে,
অনেক দূরে,
তবে তাই হোক, তোমার
ভালোবাসার শেষ অবশিষ্ট টুকু
নিয়ে হৃদয় জ্বলুক
নীল শিখা হয়ে।

14. সূর্যাস্তের লাল আভা

আমার জীবনের প্রতিচ্ছবি দেখি
সূর্যাস্তের লাল আভায়,
অস্ত যাওয়ার সময় আসন্ন,
এখন শুধু থাকা অপেক্ষায়।
এখন সিঁদুরে রাঙা মেঘ,
আর ভয় ধরায় না মনে,
লাল পলাশ দেখে মন
জেগে ওঠে না শিহরণে।
সেই বাঁধ ভাঙা উচ্ছাস,
ঝিমোয় মনের অন্দরে,
ভাসায় না আগের মত
কোনো অজানা প্রান্তরে।
বেহিসাবী ভালোবাসা যেনো
এখন হয়েছে হিসাবী,
অভিজ্ঞতা আর স্মৃতি নিয়ে
হয়েছি বেশ স্থিতধী।
তবু অভিমানী মন মাঝে মাঝে
জল এনে দেয় চোখে
পরক্ষনেই তা মেঘের মত
উড়ে যায় প্রিয়জনের
আন্তরিক ডাকে।
অপেক্ষায় থাকি এক
নতুন ভোরের,

অস্তমিত জীবন সূর্য্য
আবার উঠবে,
শুরু হবে এক নতুন দিনের।

19. ব্যথা

যদি চলে যাই কখনো
তোর থেকে নিয়ে যাবো রাশি রাশি তোর দেওয়া ব্যাথা,
জানি ভুলে যাবি মুহূর্তের মধ্যে,
আমার দেওয়া এত বছরের ভালোবাসার কথা,
আমার মনে যদিও শুরু হবে মুষলধারে কষ্টের বৃষ্টি,
তবু ফিরে আসবো না আর,
যত কষ্ট সব কবর দেবো হৃদয়ে আমার,
তুই চলে যেতে চাস, যেদিন জানালি,
আমি নিরুত্তর, নির্বাক হয়ে চেয়ে রইলাম,
মুখে নয় হৃদয়ে দিয়ে যেনো বললাম
তুই ছাড়া আমার অস্তিত্ব কোথায়,
তোর সাথেই ভস্ম হবে আমার হৃদয়।

20. চোখের পাতা

চোখের পাতা নড়ে যতবার
তোকে মনে পরে ঠিক ততবার,
আকাশের তারার মত ভালোবাসা আমার,
সংখ্যা দিয়ে যায় না মাপা তার,
চোখ বুজলেই শুধু তোরই ছবি,
তোর প্রেমেই হয়েছি কবি।
বিরহের চোখের জলের বিন্দু বিন্দু ফোঁটা,
যেনো মুক্ত হয়ে ঝরে পড়ে, বলে শুধু তোরই কথা।
ইচ্ছে করে উড়ে যেতে তোর সাথে, কোনো অচিন ভুবনে,
যেখানেতে কেউ নেই, শুধু থাকবো দুজনে।
চাঁদের টানে যেমন উতাল হয় সাগর
আমিও তেমন তোর টানেতে
হয়ে যাই পাগল।
বৃষ্টি ভেজা ভীষণ সোঁদা গন্ধ,
আমাকে দেয় তোকে ছোঁয়ার,
এক নিবিড় আনন্দ।
তোকে দিলাম ভালোবাসা,
দিলাম নিজের মন,
পাশে থেকে শুধু ভালবাসিস
এমন করে সারাজীবন।

21. যুদ্ধ

বুক ঝাঁঝরা হবে মেশিনগানে,
নেতিয়ে পড়বে চঞ্চল দেহটা,
মুহু মুহু গুলির শব্দে মানুষ
হবে দিশেহারা, আকাশ জুড়ে
ছুটবে তীর বেগে যুদ্ধ বিমান,
বাচ্চাদের আঁকড়ে হাউ হাউ করে কাঁদবে অভাগিনী মায়েরা,
এরই নাম যুদ্ধ, যুদ্ধ হবে রাজার
সাথে রাজার, প্রাণ খোয়াবে
নিরীহ জনগন, একদিন হয়ত বন্ধ হবে এই প্রাণঘাতী যুদ্ধ,
কিন্তু যারা হারিয়েছে তার প্রিয়জন,
যারা অঙ্গ হারিয়ে পঙ্গু, তাদের
যুদ্ধ শেষের শান্তি কি আদৌ
আনতে পারে জীবনের শান্তি?
তবু যুদ্ধ অপরিহার্য তাদের কাছে
যারা ক্ষমতার লড়াইয়ে শামিল।

22. অবসর

জীবনের পথে চলতে চলতে
কখন যে ফুরিয়ে এসেছে পথ,
বুঝতে পারি নি, এবার অবসর,
আমার কবিতার শব্দের আর সিঁড়ি বেয়ে ওঠানামা নেই, নেই
ছন্দ মিলের দারুন আনন্দ,
এতদিন কাজের ব্যাস্ততায় যা
ইচ্ছা ছিলো তার প্রচেষ্টা বার বার মাথা খুঁড়ে মরে ব্যর্থতার
কাছে,
তবু অপরাহ্নের শেষ আলোতে
কথা দেই নিজেই নিজেকে,
এবার যা রইলো বাকি,
পরের বারে ঠিক পুষিয়ে দেবো
যদি আবার আসতে পারি।

23. সবুজ ছোটবেলা

জোয়ার ভাটায় এগিয়েছে জীবন
থেমে যাবে এক শূন্যে,
কখনো হেসেছি, কখনো কেঁদেছি
কখনো হারিয়েছি জন অরণ্যে।
এগিয়ে চলেছি ভেবেছি যত
সেজেছি নবীনের মত,
তবু হৃদয়ের সাড়া পাই নি নিজের,
হাতড়েছি মুখ অন্ধকারের।
এসেছে এবার দগ্ধ হৃদয়ে
প্রহর গোনার পালা,
মনে ভাসে শুধু, সেই রং মাখা দিন,
আমার সবুজ ছোটবেলা।

24. থেকো ভালো

যেদিন তোমার স্বার্থের জলোচ্ছ্বাসে, ধুয়ে মুছে যাবে
আমার ভালোবাসায় আঁকা
বালুতট, সেদিন তুমি থেকো ভালো,
যেদিন তোমার প্রতি আমার বিশ্বাস,
অনুভূত হবে প্রতিটি নিশ্বাসে,
তবু আমার বুকে সন্দেহের কালো তীর ছেদ করে তুমি থেকো
ভালো।
যেদিন সব হারিয়ে শুষ্ক মরুভূমিতে
ক্ষত বিক্ষত পাথর হয়ে, এক ফোঁটা বৃষ্টির আশায়
পাগল হবো, তখন তুমি
থেকো ভালো।
যেদিন তোমার কাছ থেকে পাওয়া শত শত প্রতিশ্রুতি
আমার হারিয়ে যাওয়া স্বপ্ন
মনে হবে, তখন তুমি থেকো ভালো।

25. পড়ছে মনে?

পড়ছে মনে?
সেই চিলেকোঠার ছোট্ট ঘরে
তুই বলেছিলিস জাপটে ধরে,
ভালোবাসিস আমায় ভীষণ
কবেই নিয়েছি কেড়ে তোর মন
পড়ছে মনে?
বৃষ্টির রাতে সপসপে ভিজে
দাঁড়িয়ে থাকতিস জানালার নিচে,
শুধু দেখবি বলে আমায়
পড়ছে মনে?
যেদিন তোর একটি কথায়
হৃদয় আমার কুঁকরেছিলো ভীষণ ব্যথায়,
তোর ভালোবাসা
আমি নই, অন্য কেউ,
সেই থেকে আমি শূন্যতার সাথে
হেঁটে চলেছি,
তোকে ভুলে যেতে ভুলে গেছি।

26. নারীকে বোঝা

নারী কি আজও বোঝা?
না তাকে যায় নি আজও বোঝা?
সে কখনো মেয়ে, কখনো বউ,
কখনো মা, স্নেহের মাধুর্যে
তার নেইকো তুলনা,
কখনো অবহেলিত, কখনো
ঘরের কর্ত্রী, কখনো স্নেহময়ী মা।
নারী দিবসে শুধু
একটি কথাই,
পুরুষের কাছে যেনো
সবচেয়ে বড় হয়, নারীকে
সম্মান করাই।

27. প্রজাতন্ত্র দিবস

প্রজাতন্ত্র আজ বড় একা
বিপন্ন মানুষ নিচে ওপরে পতাকা,
প্রজার হিতে হয় কি কাজ,
নাকি নেতাদের মুখে শুধু মেকি সাজ?
স্বাধীন হতে আর লাগবে কতদিন?
স্বাধীন হয়েও আমরা আজ পরাধীন।
তবু এই দেশকে আমরা ভালোবাসি
জন্মান্তর থাকলে যেনো
এই দেশেতেই আসি।

24. শেষের দিন

তেমনি আছো এখনো তুমি
ছিলে আগে যেমন ?
কথায় কথায় চুটকি বলা,
রাগ করা বারণ।
কলেজ কেটে বেড়াতে যাওয়া
বেশি সাজ গোজে তে বারণ
ভালোবাসার স্রোতে ভেসে
দিয়েছিলাম মন।
আমায় আপন করতে চেয়েছিলে
তবু আজও পর,
তোমার চাকরি পাওয়ার আগেই
আমি গেলাম শ্বশুর ঘর,
আজ কে দেখা তোমার সাথে
এত বছর পরে,এই বৃদ্ধাশ্রমে,
তোমার আমার হয় নি স্থান
কোনো সংসারে,
তবু শেষবেলায় দেখতে পাবো
তোমায় প্রাণভরে।

29. বেঁচেই আছি

আমরা আছি বেঁচেই আছি
আমরা জনগন,
তোমরা নিরোর মত বাজাতে বীণা
ব্যস্ত সর্বক্ষণ,
তোমরা দেশের ক্ষমতাবান
নেতা মন্ত্রিগণ।
জ্বলছে দেশ নিচ্ছে প্রাণ
দারুন মহামারী,
তোমরা শুধুই টানতে ব্যস্ত
রাজনীতির ওই দড়ি।
তোমরা আছো সবখানেই
শুধু ভোটের আগে আগে,
ভোট ফুরোলেই আর দেখা নেই
নেইকো কেউ পাশে।

৩০. ফেব্রুয়ারির একুশ

একুশ তুমি প্রতি মাসে, আসো প্রতি বার,
ফেব্রুয়ারির একুশ শুধু বাংলা ভাষার।
যে ভাষার সাথে ওঠা বসা, জীবন পথে চলা,
যে ভাষায় হৃদয়ের কথা মুখ দিয়ে যায় বলা।
একুশ তুমি মনে করাও স্বার্থ ত্যাগের কথা।
ভাষার জন্য বলিদানের দুঃসহ সে ব্যথা।
বাংলা ভাষায় চিরদিনই থাকবে একুশ তুমি
প্রতি বছর এই দিনে গান গাইবে বাংলা ভূমি।

31. সেলফি তোলো

সেলফি তোলো, সেলফি তোলো,
জীবনটাকে সেলফি দিয়ে ভরিয়ে তোলো,
জীবনটাকে বাজি রেখে
রেল লাইনে দাঁড়িয়ে পড়ো,
হোক না বিপদ দেখা যাবে
আগে একটা সেলফি হবে,
পাহাড়টার শেষ প্রান্তে
পিছলে যাওয়ার ঝুঁকি আছে,
তাও তো বলো সেলফি এমন
তোমার ছাড়া আর কার আছে,
সাগরের ওই বিপদ সীমা
পেরিয়ে গিয়েও সেলফি নেবে,
দেখে সবাই চমকে যাবে,
এখন তুমি যেথায় আছো
সেখানে কি সেলফি আছে?
তোমার ফটোয় মালা দিয়ে
আজও তো মা শুধুই কাঁদে।

32. কবিগুরু

"জল পড়ে পাতা নড়ে"
আমার প্রথম ছন্দের
সাথে পরিচয়,
কচি মনের অন্দরে গুনগুনাত
সারা দিনময়।
"পুরাতন ভৃত্য" আবৃত্তির আনন্দ
আজো বুকে বাজে,
কথা আর ছন্দের মাঝে হারিয়ে যেতাম
আমি সকাল সাঁঝে।
সেই থেকে আমার কবিতা
লেখার শুরু
অনুপ্রেরণা বিশ্বকবি রবীন্দ্রনাথ
আমাদের কবিগুরু।